HISTOIRES POUR ATTENDRE

et petits jeux pour patienter

Princesses et chevaliers

FLEURUS

FLEURUS

Illustration de couverture : Florence Langlois
Illustrations des pages de jeux : Florence Langlois

Direction : Guillaume Arnaud
Direction éditoriale : Sarah Malherbe
Édition : Raphaële Glaux, Marie Mazas

Direction artistique : Élisabeth Hebert, assistée d'Anaïs Acker
Mise en pages : Sophie Boscardin

Fabrication : Thierry Dubus, Aurélie Lacombe

Site : www.fleuruseditions.com
ISBN : 978-2-2150-4928-9
N° d'édition : 10111-01
Code MDS : 651 397

« Loi n° 49-956 du 16 juillet 1949
sur les publications destinées à la jeunesse. »

CLARA TEBIBEL CP4

HISTOIRES POUR ATTENDRE

et petits jeux pour patienter

Princesses et chevaliers

FLEURUS

INTRODUCTION

Tu aimes bien les voyages, surtout pour aller chez papy et mamie ou partir en vacances, mais tu trouves ça parfois un peu long ? Ou bien tu t'impatientes en attendant le bus qui n'arrive pas ? Tu n'aimes pas trop non plus patienter chez le docteur ? Et, plus que tout, tu détestes t'ennuyer ?

Alors ce petit livre plein d'histoires et de jeux rigolos est fait pour toi ! Ouvre-le vite et plonge dans l'univers fascinant des princesses et des chevaliers ! À cheval sur ton destrier ou absorbé par une énigme à résoudre, tu ne verras plus le temps passer avec tes héros !

Grâce à la petite horloge qui t'indique la durée d'une histoire ou d'une série de jeux, c'est facile !

Seul(e) ou à plusieurs, tu pourras t'occuper tout en t'amusant et lire d'incroyables aventures avec papa et maman. Sans même t'en rendre compte, tu seras déjà arrivé !

Sommaire

Sommaire

UN MESSAGER BIEN MALADROIT

Chaque jour, de la plus haute tour, Blanche guette le ciel. L'écuyer Grégoire, son bien-aimé, est parti à la guerre avec le roi et son armée. Il a promis d'écrire à Blanche en secret et de faire porter ses lettres par un pigeon voyageur.

Quelle idée géniale !

Une silhouette dans le ciel, un battement d'ailes… Mais non, ce n'est qu'un affreux corbeau, ou un redoutable faucon. Il faut attendre. Encore…

Enfin, un beau matin, c'est bien un pigeon qui arrive au château. « Le voilà ! » se réjouit Blanche en voyant la lettre accrochée à sa patte.

L'oiseau prépare son atterrissage, mais... Paf !

Il rate l'entrée du pigeonnier, s'assomme contre le mur et dégringole dans l'eau des douves !

« Aïe, il n'a pas l'air très doué, ce pigeon ! »

Lorsque Blanche récupère enfin la lettre trempée, l'encre est tout effacée.

« C'est trop bête, soupire Blanche, terriblement déçue. Rejoins Grégoire ! ordonne-t-elle au pigeon. Et rapporte-moi une autre lettre. »

Les jours passent.

Un matin, le pigeon vient se poser sur l'épaule de Blanche qui brode dans sa chambre. Tout excitée, elle déplie la lettre quand…

Splatch !

Une grosse crotte s'étale sur le papier !

« Maudit oiseau ! » s'énerve Blanche qui ne peut rien lire. Voilà des semaines que Grégoire est parti et, par la faute de ce pigeon stupide, elle n'a toujours pas de nouvelles. Grégoire est peut-être malade, blessé... ou pire : il l'a oubliée !

Pour s'occuper, Blanche invente des recettes de gâteaux. Elle remue la pâte en rêvant à Grégoire. Soudain, un bolide ailé entre en trombe par la fenêtre ouverte de la cuisine, percute le saladier et le renverse au sol.

« Cette fois, tu vas finir au four ! »

crie la princesse en reconnaissant le volatile empêtré dans la pâte.

En effet, le message qu'il porte n'est plus qu'une boulette gluante, illisible !

C'est alors que Blanche entend les hourras qui retentissent dans tout le château.

« Le roi arrive !

Il a gagné la guerre !

– C'est grâce au courage d'un écuyer nommé Grégoire », dit un garde.

Blanche tressaille…

Une servante ajoute :

« Il paraît même que, pour le récompenser, le roi l'a fait chevalier et lui donne en mariage sa fille, la princesse Blanche. »

Tenant le pigeon blotti contre elle, Blanche ose à peine croire ce qu'elle entend. Pourtant, voici Grégoire, couvert de gloire, son épée au côté, qui court vers sa fiancée.

« Ah ! vous avez mon pigeon.

Vous avez donc reçu mes lettres ? demande-t-il.

– Pas une seule, répond Blanche en riant. Comme facteur, ce pigeon ne vaut rien. Je voulais en faire un pâté, mais, après tout, il nous a porté chance.

Gardons-le comme porte-bonheur ! »

DRÔLE D'OISEAU !

La princesse Blanche guette l'arrivée du pigeon de Grégoire. Entoure l'ombre qui correspond au messager qu'elle attend.

Réponse : 4.

LA LETTRE EFFACÉE

La lettre de Grégoire est tombée dans les douves et l'encre s'est à moitié effacée ! Aide Blanche à la compléter pour lire le message que son écuyer préféré lui a envoyé.

LE CHEVALIER QUI LISAIT TOUT LE TEMPS

Gaston était chevalier, mais ce qu'il aimait par-dessus tout, c'était les livres.

Il préférait les histoires aux bagarres et aux tournois.

Ses professeurs auraient voulu faire de lui un preux chevalier, élancé et habile. Au lieu de cela, Gaston était grassouillet et il se prenait les pieds dans son armure.

Quand le royaume fut attaqué par le roi Lexor du pays voisin, il fut pourtant bien obligé de partir à la guerre. À contrecœur, il prépara ses affaires, emportant avec lui quelques livres.
Le premier jour, sa troupe ne rencontra aucun ennemi. Gaston chevaucha, un livre à la main, oubliant parfois de se baisser pour éviter une branche.
Souvent, il se retrouva les quatre fers en l'air,

mais jamais il ne perdit sa page !

Le deuxième jour, ils virent les hommes de Lexor venir vers eux. Chacun se posta derrière un arbre pour tomber sur l'ennemi par surprise. Gaston se dissimula derrière un gros chêne, s'y adossa et continua de lire. Il était si absorbé par son histoire qu'il n'entendit ni ne vit rien du combat. Lorsqu'il releva enfin la tête de son livre, il était seul.

Tous ses compagnons avaient été faits prisonniers !

Il ne restait là que son cheval, trop maigre au goût des ennemis.

Gaston n'aimait pas la guerre, les combats et les armes. Mais il rêvait de devenir un héros, comme dans ses livres. Après une longue chevauchée, il découvrit le campement où étaient retenus ses amis. Un homme immense en gardait l'accès.

Gaston se souvint alors d'une histoire qu'il avait lue. Un enfant l'emportait sur un géant avec son lance-pierre. Il s'en confectionna un, se posta devant le gardien et l'apostropha :

« Bonsoir ! »

Le géant le regarda, étonné.

« Qui es-tu ?

– Un chevalier ! »

L'homme éclata de rire. Un chevalier, ça ! Ce petit bonhomme grassouillet ! Tandis qu'il riait, Gaston ajusta son lance-pierre, visa le front du géant comme il était écrit dans son livre, tira et… le gardien s'écroula !

Gaston pénétra dans le campement et y surprit une conversation :

« Cette nuit, nous tuerons
nos prisonniers
dans leur sommeil »,

disait un officier.

Gaston se souvint aussitôt d'un héros qui avait changé les vêtements de ses frères pour éviter qu'ils ne soient mangés.

La nuit venue, il s'approcha à pas de loup des gardes qui somnolaient près du feu. Avec mille précautions, il leur retira leurs vêtements et leur passa ceux de ses amis, qui revêtirent l'uniforme de leurs gardiens. Au petit matin, lorsque les soldats vinrent tuer les prisonniers, ils s'en prirent à leurs propres hommes ! Les compagnons de Gaston furent sauvés. Mieux encore, on crut qu'ils faisaient partie de la troupe et on les laissa aller à leur guise. Ils s'enfuirent sans attendre.

Gaston, lui, était resté au campement. Il avait lu quelque part comment un seul homme avait fait fuir une armée et cela lui avait donné des idées. Il attacha une couverture à la selle de son cheval, accrocha son armure à un arbre et prit un bâton. À son signal, le cheval se mit à courir dans tous les sens. La couverture balayait le sol, soulevant derrière lui un énorme nuage de poussière. Pendant ce temps, Gaston frappait sur son armure en criant :

« À l'attaque ! »

Ses cris alertèrent les soldats de Lexor qui voulurent passer à l'attaque, eux aussi. Mais, à la vue du formidable nuage de poussière, ils crurent qu'une armée tout entière venait à leur rencontre. Pris de panique, ils sautèrent sur leur monture et disparurent à tout jamais.

À son retour au château, Gaston fut accueilli comme un grand chevalier. Pour le remercier d'avoir ainsi sauvé ses compagnons et tout le royaume, son seigneur fit même raconter ses exploits…

dans **un livre !**

LES 3 PORTES

Voilà un chevalier bien embêté ! Laquelle de ces trois princesses est-il venu délivrer ? Relis le message qu'il a reçu pour deviner quelle princesse l'a appelé au secours.

Réponse : Princesse n° 2.

MOTS CROISÉS

Aide-toi des définitions pour inscrire dans la grille les différentes parties de ce château fort.

1. *Pont pouvant se lever ou s'abaisser pour autoriser ou interdire l'entrée du château.*
2. *Large fossé rempli d'eau entourant le château.*
3. *Partie haute du château d'où l'on peut guetter les ennemis.*
4. *Tour la plus haute du château où sont souvent retenues prisonnières les princesses.*
5. *Muraille circulaire protégeant le château.*

Réponses : 1. Pont-levis – 2. Douve – 3. Tour – 4. Donjon – 5. Rempart.

À L'ASSAUT !

- *Retrouve le roi dont le château fort est attaqué.*
- *Dans le feu de l'action, une princesse a été oubliée. Où est-elle ?*
- *Combien comptes-tu de catapultes ? De béliers ? D'échelles ? De tours d'assauts ?*
- *Quelles autres armes les combattants utilisent-ils ?*
- *Des attaquants se sont trompés d'époque. Les vois-tu ?*

Réponses : Le roi est sur le chemin de garde, au pied du donjon. – La princesse est penchée à la fenêtre du donjon. – Il y a 2 catapultes, 1 bélier, 3 échelles et 1 tour d'assaut. – Arcs, flèches, boucliers, lances, épées, huile bouillante. – Un guerrier romain se trouve près de la catapulte d'en haut ; un guerrier grec est au pied d'une échelle ; un guerrier napoléonien se promène en bas des remparts à droite ; un militaire moderne se cache en haut de la scène, près de l'arbre.

LE CHEVALIER DE L'ESPACE

Voici le début d'une histoire. À toi d'en imaginer la suite avec les mots de la liste. Ensuite, dessine une scène de ton histoire.

« Il était une fois un chevalier qui rêvait de partir explorer l'espace en fusée. Il avait entendu raconter que sur la lune régnait une drôle de princesse pas comme les autres et il était curieux de la rencontrer... »

extraterrestre
volcan

trésor
souris

fumée
loupe

LA DRAGONNE DE NEIGE

Un matin, Alice, la petite princesse, part se promener dans la forêt de Calicia. Ses parents le lui ont toujours interdit, mais elle en a trop envie. Elle est curieuse : qu'y a-t-il donc dans cette forêt ?

À peine est-elle parvenue au pied d'un grand sapin que le vent commence à souffler. Très vite, des milliers de flocons tombent du ciel. Un froid glacial s'abat sur la forêt. Alice aimerait rentrer, mais elle s'enfonce dans la neige à chaque pas. Aveuglée par les flocons, elle ne voit plus rien.

Où est donc le chemin ?

La petite fille essaye de crier, mais sa voix est avalée par le vent. Elle frissonne. Jamais ses parents ne pourront la retrouver ! Elle va mourir de froid dans cette forêt !

Soudain, une énorme masse blanche tombe à ses pieds.

Intriguée, la fillette s'en approche. La forme commence à bouger et une queue écailleuse sort de la neige. Alice recule, paniquée. L'animal continue à se trémousser.

C'est une petite dragonne ! La princesse tremble de la tête aux pieds. Voilà pourquoi ses parents ne voulaient pas qu'elle aille dans la forêt !

Ce monstre va la dévorer !

« Ne t'inquiète pas, tente de la rassurer la petite dragonne. Je ne te veux aucun mal.

– Qui es-tu ? lui demande Alice, effrayée.

– Mon nom est Dragline. J'habite avec mes parents dans une grotte pas loin d'ici. Et toi ?

– Je m'appelle Alice. Je suis venue jouer dans la forêt. Maintenant, avec cette tempête, je ne peux plus rentrer chez moi, se désole la princesse, en larmes.

– Attends ! » lui répond Dragline.

À pleins poumons, elle souffle sur la neige. Sous la chaleur des flammes qui s'échappent de sa gueule, la neige fond, dessinant un chemin.

La petite dragonne tend sa patte à Alice qui, après une hésitation, la prend. Toutes deux avancent dans la forêt, Dragline dégageant la route à coups de flammes.

Enfin, elles arrivent devant un immense château. « J'habite ici, annonce Alice en souriant. Viens, je vais te présenter à mes parents. »

Dragline a un peu peur. Ses parents lui ont expliqué que les humains détestent les dragons. Mais elle fait confiance à Alice et la suit.

Quand le roi et la reine apprennent que la petite dragonne a sauvé leur fille, ils sont soulagés. Heureusement que les chevaliers n'ont pas chassé tous les dragons des environs !

Depuis ce jour, dans le royaume de Calicia,

les dragons sont une espèce protégée.

Quant à Alice et Dragline, elles passent leurs journées à construire des dragons de neige et, quand elles en ont assez, Dragline les fait fondre plus vite que la neige ne met à tomber.

NOM D'UN DRAGON !

Mais que raconte donc ce drôle de dragon ?

Réponse : Un vilain sorcier m'a jeté un sort : je ne peux plus voler ! Dessine-moi des ailes (un/ville/un/s'/or/scie/haie/ma/jeu/thé/un/s'/or/jeu/nœud/p'/oeufs/plus/veau/lait/dé/scie/nœud/mois/dé/ailes).

MOTS FLÉCHÉS

À l'aide des dessins et des lettres déjà placées, remplis cette grille. Si tu trouves tous les mots, tu auras la panoplie d'un(e) sorcièr(e) accompli(e) !

Réponses : 1. Baguette – 2. Araignée – 3. Chaudron – 4. Chapeau – 5. Crapaud.

QUI DIT QUOI ?

Mais que disent ces personnages !
Toutes les bulles ont été mélangées. Rends à chacun des personnages la bulle qui lui correspond.

QUI SUIS-JE ?

De drôles de dragons se cachent derrière ces devinettes. Sauras-tu les démasquer ?

Je suis un minidragon,
je ne crache pas de feu,
ne vole pas et aime prendre
des bains de soleil.
Qui suis-je ?

Je suis un cousin du dragon.
Je vis dans l'eau et sur terre,
j'ai des écailles et
de grandes dents !
Qui suis-je ?

Réponses : 1. Lézard. – 2. Crocodile.

LE CHEVALIER SANS AMI

Depuis tout petit, le chevalier Gonzague n'aimait qu'une chose : se battre. Pour un regard ou un mot de travers, il dégainait son épée. Incroyablement fort et courageux, il pouvait vaincre trente hommes à lui seul et galoper jour et nuit sans jamais être fatigué.

Le roi, qui ne pensait qu'à faire la guerre pour agrandir son royaume, l'envoyait sans cesse combattre ses voisins. Pour le récompenser, il couvrait Gonzague de richesses et lui avait donné plusieurs châteaux magnifiques.

« Et malgré tout cela, constata un jour Gonzague, je ne suis pas heureux.

– Je sais ce qui vous manque, répondit un vieil homme qui l'entendait se plaindre. Un ami !

– Un ami ?

Mais pour quoi faire ?

s'étonna Gonzague.

– Pour rire et jouer avec vous, partager vos joies et vos peines. Un ami rend la vie plus belle.

– Vous avez raison ! Je vais de ce pas me faire un ami ! lança-t-il sans attendre d'autres conseils.

– Toi ! ordonna-t-il à un écuyer qui passait par là. Tu vas être mon ami ! »

Mais, devant la mine effrayée du pauvre garçon, Gonzague comprit que l'amitié ne se commandait pas…

Il proposa alors des parties d'échecs et des concours d'histoires drôles, mais les gens faisaient semblant de rire à ses blagues ou exprès de perdre au jeu, de peur de le vexer. En fait, tout le monde tremblait devant le célèbre et redoutable chevalier.

« Je n'aurai jamais d'ami ! » se désespérait Gonzague.

C'est alors qu'il fut convoqué par le roi.

« Messire Gonzague, allez au-delà des mers conquérir le royaume du sultan. Et ramenez-le-moi prisonnier. Je vous préviens, c'est une mission lointaine et périlleuse. »

« Tant mieux, pensa Gonzague.
Ça me changera les idées ! »

Effectivement, la route était semée d'embûches et le moral du triste chevalier remonta au fil des épreuves. Il déjoua une embuscade et tailla en pièces une bande de voleurs. Quand son navire fit naufrage, il rejoignit la rive à la nage en trois jours. Et lorsque son cheval s'écroula de soif et de fatigue dans la chaleur du désert, il le porta sur son dos jusqu'à une oasis.

« Rien de tel qu'un peu d'exercice ! » se réjouissait Gonzague en arrivant devant un palais sublime.

Il sauta des murs, assomma quelques gardes et se faufila jusqu'à la chambre du sultan.

Pourtant, il hésita avant d'attaquer. Caché derrière une tenture, il le vit si triste et si seul qu'il lui parut soudain bien sympathique.

« Peu m'importent ma puissance et mes trésors ! soupirait le sultan, la tête dans les mains. Tous mes sujets me craignent et m'envient. Personne ne veut être mon ami !

– Si, moi ! s'exclama Gonzague en surgissant devant lui. Comme vous, j'ai tout ce qu'on peut rêver d'avoir. **Sauf un ami.** »

Les deux hommes commencèrent alors à se raconter leurs exploits et leur solitude. Puis ils échangèrent mille anecdotes rigolotes qui les firent se tordre de rire. Si bien qu'au matin ils bavardaient comme de vieux amis.

« Au fait, demanda le sultan, pourquoi es-tu venu ? »

Gonzague, un peu gêné, lui expliqua sa mission. Le sultan répondit alors joyeusement :

« Je serais enchanté de t'accompagner dans ton pays. Ton roi aime tant le pouvoir et l'argent que mon trésor devrait l'intéresser bien plus que moi ! »

Les deux amis partirent donc chargés d'or et de pierres précieuses. En chemin, ils coulèrent les bateaux pirates et décimèrent les troupes de brigands qui eurent le malheur de les attaquer. Ensemble, ils étaient véritablement invincibles. Unissant leurs forces et leurs stratégies, ils se sauvèrent la vie maintes fois.

« Ah ! s'exclamait Gonzague, c'est bien plus amusant à deux ! »

Ils arrivèrent enfin devant le roi.
« Bravo, messire Gonzague ! Ce prisonnier me prouve que vous avez rempli votre mission.
– Majesté, répondit Gonzague, le sultan n'est pas prisonnier. C'est mon ami. Prenez le trésor en échange de sa liberté et vivez en paix avec son royaume. »
Et comme le roi, stupéfait, ne répondait rien, le sultan ajouta :
« Désormais, vous êtes le plus riche et le plus puissant des rois.

Il ne vous manque plus qu'un ami ! »

MOTS À LA QUEUE LEU LEU

Commence par nommer un objet que tu vois autour de toi. Le joueur suivant doit enchaîner par le nom d'un objet commençant par la dernière lettre du mot précédent. Et ainsi de suite.

Par exemple : parapluie, escalier, rivière…

BLAGUE

La vache Marguerite vient de remporter le concours de beauté à la foire agricole de Trifouillis-les-Prés.
Un journaliste lui demande :
– Alors, vous êtes contente !
– J'espère faire meuh la prochaine fois !

CASSE-TÊTE CODÉ

À l'aide du code, découvre ce que raconte ce drôle de chevalier.

Réponse : Mais où est donc passé le reste de mon armure ?

CACHE-CACHE PRINCESSES

À l'aide de leurs histoires, reconnais chacune de ces princesses.

1 • J'ai fui ma méchante belle-mère dans la forêt, mais, déguisée en vieille femme, elle m'a offert une pomme maléfique.
2 • Plongée dans un sommeil éternel, seul un baiser d'amour pourra me réveiller.
3 • Mes demi-sœurs me traitent en souillon, mais, grâce à ma marraine la fée, je pourrai devenir un jour une vraie princesse.
4 • Mon père le sultan veut m'obliger à me marier, mais les princes ne m'intéressent pas !

Réponses : 1. Blanche-Neige – 2. Aurore (la Belle au bois dormant) – 3. Cendrillon – 4. Jasmine.

DÉCO-CHÂTEAU

Pour l'anniversaire de son filleul, la fée Hortensia a entièrement refait sa chambre. Mais elle y a glissé par erreur 7 objets ultramodernes. Sauras-tu les retrouver ?

Réponses : 1. un réveille-matin digital – 2. un ordinateur – 3. un téléphone – 4. une lampe torche électrique – 5. un Bic – 6. une montre – 7. une voiture télécommandée.

CHARADES

Mon premier est un animal
qui vit dans les bois.
Mon second est un animal
qui fait la roue.
Mon tout est un animal qui rampe.

Mon premier est le contraire du bien.
Mon deuxième est une voyelle accentuée.
Mon troisième a un père.
Mon tout peut venir d'une méchante sorcière.

Réponses : 1. Serpent (cerf – paon) – 2. Maléfice (mal – é – fils).

ÉNIGME SABLÉE

Réponse : un sablier.

LE CHEVALIER ERRANT

Un chevalier épuisé et affamé aperçoit de l'autre côté d'une rivière gelée un pommier couvert de belles pommes. Mais malheur ! Il n'y a ni pont ni moyen de traverser la rivière. Que peut-il faire pour se rassasier ?

Réponse : Rien car, si la rivière est gelée, c'est que c'est l'hiver. Or il n'y a de pommes qu'à la fin de l'été ! Le chevalier est donc victime d'une hallucination.

LE TOUR DU MONDE D'OMBELINE

La petite princesse Ombeline rêvait de voyager. « Tu es trop jeune ! » lui répondaient ses parents. Mais Ombeline en avait assez d'attendre. Un jour, elle fit sa valise en cachette pour aller parcourir le monde.

En sortant de sa chambre, elle tomba nez à nez avec un serviteur africain. La voyant partir, il lui dit :
« Mademoiselle, si vous allez dans mon pays, promenez-vous dans le désert. Il est si grand et si beau ! »
Et il se mit à lui raconter les merveilles de son pays : les dunes du désert qui bougent avec le vent, les dromadaires qui ne boivent presque jamais, les filles qui se maquillent de couleurs vives.
Ombeline l'écoutait avec attention. Mais, déjà, le soleil brillait haut dans le ciel : il était l'heure de s'en aller.

À la porte du palais, elle croisa un garde qui venait du pôle Nord. Lorsqu'il aperçut sa valise, il lui dit :
« Chère princesse, si vous allez dans mon pays, admirez le ciel rempli d'étoiles, la nuit.

Il est si grand et si beau ! »

Et il lui narra aussitôt les beautés de son pays : la banquise immense et blanche, les hommes en traîneaux et leurs maisons sculptées dans la neige.

Ombeline écoutait, passionnée. Mais le soleil baissait déjà dans le ciel : il était vraiment temps de partir.

Elle sortit du palais et traversa le jardin où travaillait un vieil homme aux yeux bridés. Quand il remarqua ses bagages, il lui dit :

« Jolie Ombeline, si vous allez dans mon pays, courez voir les rizières qui couvrent les montagnes.

Elles sont si grandes et si belles ! »

Et lui aussi conta à la petite princesse les mille trésors de son pays :

les temples qui brillent au soleil,

les buffles dans les rizières

et les danseuses si gracieuses…

Ombeline n'en perdait pas une miette. Le vieil homme avait encore tant à lui dire mais, déjà, la nuit était tombée.

Dehors, il faisait très noir. Ombeline se sentit soudain si petite ! Alors, elle reprit sa valise, retourna sur ses pas, poussa la porte de sa chambre et se recoucha dans son lit.

Ce jour-là, la petite princesse n'alla pas plus loin que le bout de son jardin. Et, en attendant d'être plus grande pour partir vraiment, elle continua de voyager un peu chaque jour en écoutant tous ceux qui l'entouraient au palais.

LES CLÉS DIABOLIQUES

Pour délivrer la princesse Sarah, le chevalier Edmond doit trouver la bonne combinaison de clés pour ouvrir ces serrures. Observe-les bien pour l'aider à pousser la porte du cachot avant le retour de l'ogre !

Réponse : 3.

CONTE MÉLI-MÉLO

Quelle histoire biscornue ! Peux-tu la remettre dans le bon ordre ?

a. Jonas, surpris, demanda poliment : « Excusez-moi, grand-mère, mais ce n'est pas très prudent de vous battre contre ce monstre. Il pourrait vous dévorer toute crue ! »

b. La vieille dame éclata de rire. Un rire un peu inquiétant…

c. Un jour, le prince Jonas se promenait dans les bois, quand, soudain, il entendit des cris.

d. « Ah, ah, ah ! Pauvre prince, que tu es naïf ! Ce dragon est mon serviteur ! On n'est plus à l'époque des balais ! »

e. « Pour te punir de m'avoir importunée, je te change justement en balai ! Seule une princesse aimant faire le ménage te délivrera de ton sort. Et crois-moi, aujourd'hui, ça ne court pas les rues ! »

f. Intrigué, il s'approcha pour voir ce qui se passait. Il n'en crut pas ses yeux : une vieille dame frappait à coups de parapluie un dragon trois fois plus gros qu'elle !

g. « S'il vous embête, je le pourfends ! » dit-il en tirant de son fourreau son épée.

h. Pauvre Jonas ! Il vit la vieille dame redevenue sorcière enfourcher son dragon et s'envoler sans même pouvoir bouger le moindre petit poil de balai…

Réponses : 1. c – 2. f – 3. a – 4. g – 5. b – 6. d – 7. e – 8. h.

LA MALLE MAGIQUE

Le jeu commence avec cette phrase :
« Dans ma malle magique, il y a… » Avant d'ajouter un mot, chaque joueur doit répéter les mots dits par les autres joueurs. Plus le jeu avance, plus la liste de mots à mémoriser s'allonge. Celui qui a un trou de mémoire a perdu.
Par exemple : « Dans ma malle magique, il y a un foulard, un éléphant, une moto… »

LA PRINCESSE QUI VOULAIT DEVENIR CHEVALIER

« Crénom de nom ! se récria la princesse Amarela. Je refuse de me marier. Passer mes journées à attendre le retour de mon mari, quel ennui !

Moi, je rêve de me battre
et de voyager.
Je veux devenir chevalier !

– Mais c'est impossible ! s'exclama le roi.

– Et pourquoi ? grogna Amarela.

– Parce que c'est comme ça, répondit le roi, embêté.

– Les princesses ne se battent pas, précisa la reine. Demain, nous organisons une grande fête pour te présenter différents prétendants. Il est temps pour toi de te marier. »
Furieuse, Amarela courut s'enfermer dans sa chambre. Elle s'allongea sur son lit et réfléchit.

Comment devenir chevalier ?

Soudain, elle eut une idée.

Elle devait terrasser un dragon.

Ses parents seraient alors obligés de la sacrer chevalier !
Elle retira sa robe, saisit son nécessaire à couture et travailla d'arrache-pied. Quand minuit sonna, elle avait revêtu un pantalon et une veste. À défaut de casque, elle enroula un foulard autour de son visage pour le dissimuler. En guise d'épée, elle attrapa le pique-feu de sa cheminée.
Ainsi déguisée, Amarela ouvrit la fenêtre, glissa le long de l'arbre et se faufila hors de l'enceinte du château.

Quand elle pénétra dans la forêt, la princesse frissonna. Il faisait nuit noire et elle entendait des bruits étranges. Mais elle se reprit vite. Avoir peur n'était pas digne d'un chevalier !

Amarela marcha longtemps. Arrivée à l'entrée de la grotte dans laquelle dormait le dragon, elle aperçut une silhouette.

« Qui va là ?

s'écria l'inconnu.

– Le chevalier Amarelin, déclara la princesse en adoptant une voix grave.

– Que viens-tu faire ici en pleine nuit ? lui demanda l'inconnu, contrarié.

– Combattre le dragon, affirma Amarela.

– Moi aussi, s'agaça l'inconnu. Je suis le chevalier Darmurier. J'attends qu'il se réveille. Si je parviens à le tuer, je serai invité demain à la soirée du château et je pourrai enfin être présenté à la ravissante princesse Amarela. J'étais là avant toi. Ce dragon est à moi !

– Hors de question ! Je combattrai ce dragon, que tu le veuilles ou non, s'entêta Amarela.
– Je ne vois qu'une solution, soupira le chevalier en dégainant son épée.

Battons-nous !

Le vainqueur affrontera le dragon. »

Ils se battirent toute la nuit. Si Darmurier avait plus de force et si son épée était plus maniable qu'un pique-feu, Amarela, elle, avait suivi des cours de danse. Se déplaçant avec grâce et agilité, elle esquivait tous ses coups.
Quand le jour se leva, le dragon se réveilla et sortit de sa tanière. Dès qu'elle le vit, Amarela fut comme pétrifiée. Elle n'aurait jamais imaginé qu'un dragon fût si impressionnant ! Le monstre en profita pour se précipiter sur elle. Avant qu'il ait pu l'atteindre, Darmurier le frappa de son épée. Agacé, le dragon se tourna vers lui et ils commencèrent à lutter. La princesse les observait, fascinée.

Soudain, pour éviter de se faire assommer par la queue de l'animal, elle baissa la tête d'un mouvement brusque. Son foulard glissa et sa chevelure d'or jaillit au soleil. Darmurier fut si surpris en la reconnaissant qu'il dérapa et tomba sur le sol. Son casque se détacha et le monstre se jeta sur lui. Amarela fonça alors vers le dos du dragon et le transperça de son pique-feu.

Terrassé, l'animal s'écroula à ses pieds.

Quand Darmurier se releva pour la remercier, Amarela fut subjuguée. Jamais elle n'avait rencontré un chevalier d'une telle beauté !

Amarela devint chevalier le jour de son mariage avec Darmurier.

Ils combattirent heureux,
eurent beaucoup de petits chevaliers
et ne s'ennuyèrent jamais.

Les jeux 20 MINUTES

L'INCONNU
DU BATEAU

Qui se cache sur ce bateau ? Relie les points de 1 à 75 et les lettres de A à Z pour le reconnaître.

CARRÉ
MAGIQUE

Pour rejoindre sa princesse, le chevalier doit d'abord trouver le code ouvrant la grille du château. Écris dans chaque carré vide le chiffre qui manque pour obtenir le total inscrit au bout de chaque ligne verticale et horizontale.

5	0		2	10
	4	1	2	9
3		2	0	6
2	3	1		10
12	8	7	8	

Réponses : 3 (1re ligne) – 2 (2e ligne) – 1 (3e ligne) – 4 (4e ligne).

C'EST QUI ?

Choisis un personnage de conte de fées.
L'autre joueur n'a le droit de poser que 10 questions pour le deviner.
Et toi, tu ne peux répondre que par « oui » ou par « non ».

Par exemple : est-ce une princesse ? Oui.
A-t-elle des cheveux blonds ? Non.

MIAM !

De quelle couleur sont les petits pois ?

Réponse : rouges (les petits poissons rouges).

ET DIEU CRÉA...

Quel est le premier animal apparu sur Terre ?

Réponse : le mouton parce qu'il est lainé (l'aîné).

SILENCE, ON MIME !

Pour vous punir d'avoir pénétré dans son royaume, le sorcier Sinistro vous a jeté, à toi et tes amis, un sort. Vous êtes maintenant des animaux ! Par le mime, faites découvrir chacun à votre tour quel animal vous êtes devenu. Attention, le cri des animaux est interdit !

UN DRAGON TROP GOURMAND

Il était une fois un dragon qui terrorisait le petit royaume de Clafoutis. Survolant les maisons, il crachait du feu çà et là, les brûlant au hasard. Heureusement pour les habitants, ce dragon était très gourmand. Si on lui apportait un gros gâteau le matin, il restait dans sa caverne et n'en sortait pas de la journée. Mais si, par malheur, le gâteau était trop petit ou s'il le mangeait trop vite, il quittait sa grotte et incendiait quelques demeures en guise de promenade digestive !

Un jour, le dragon passa au-dessus du château du chevalier Maximin. D'un coup de gueule enflammée, il brûla le toit du donjon. Sans raison.

Le sang de Maximin ne fit qu'un tour. Ça n'allait pas se passer comme ça ! Il réfléchit à un moyen de donner une leçon à cet odieux dragon.

Le lendemain, il convoqua tous les cuisiniers du royaume.

« Nous devons faire le plus grand nombre de gâteaux possible, leur annonça-t-il. Nous les porterons au dragon pour qu'il nous laisse tranquilles.

– Mais il en demandera d'autres ! répliqua un cuisinier.
– Je ne pense pas, répondit mystérieusement Maximin, qui avait une idée derrière la tête. N'oubliez pas de mettre beaucoup de sucre dans vos gâteaux. »
Les cuisiniers se mirent à l'ouvrage. Ils préparèrent des charlottes au chocolat, des babas au rhum, des mille-feuilles hauts comme des tourelles, des tartes aux fruits et des montagnes de choux à la crème. Pour chaque recette, ils veillèrent à doubler les quantités de sucre.

Quand tout fut prêt, on apporta ces délices chez le dragon. L'animal n'en crut pas ses yeux et se rua sans attendre sur les pâtisseries. Il y en avait tant qu'il passa deux jours et deux nuits à les manger toutes. Puis il eut un peu mal au ventre et, surtout, très sommeil. Il entra dans son antre et ronfla plusieurs semaines d'affilée.

Le dragon endormi, le petit royaume de Clafoutis vécut dans la paix pendant de longues semaines. Lorsque enfin il se réveilla, il avait une faim de loup. Or aucun gâteau ne l'attendait à l'entrée de sa grotte… Furieux, il décida d'aller brûler quelques maisons pour montrer sa colère.

Il repéra aussitôt sa première cible : le toit tout neuf du donjon de Maximin ! Le dragon vola jusqu'à la tour, prit son souffle et cracha de toutes ses forces.

Mais quoi ?

Aucune flamme ne sortit de sa bouche.

Seul un mince filet de bave marron et collant dégoulina lamentablement de son énorme gueule. Il essaya de nouveau, sous le regard moqueur de Maximin.

Sans succès !

Piteux, il rentra cacher sa honte dans sa grotte.

Depuis ce jour, le dragon ne brûla plus jamais rien à Clafoutis. Il avait mangé tant de sucre que son feu était devenu du caramel !

Les jeux 10 MINUTES

RIBAMBELLE DE DESSERTS

À deux ou à plusieurs, dites chacun à votre tour un nom de dessert que vous connaissez. Attention, vous n'avez pas le droit de répéter deux fois le même dessert !

Dans un grand -----, verse 200 g de ------- en poudre. Ajoute le jaune de 4 ------ et mets les blancs de côté. Dans une -------, fais fondre 120 g de --------. Ajoute le ------- après l'avoir coupé en petits carrés. Remue bien avec la --------. Ajoute le mélange dans le saladier et remue

5 EN CUISINE

le tout. Ajoute 2 cuillères de ---------- blanche, puis les blancs montés en neige. Remue le tout et verse-le dans un ------------- graissé. Mets au four. Un peu de patience, c'est bientôt prêt !

- En utilisant les ingrédients et les ustensiles que tu vois sur la table de la cuisine, aide la princesse Margaux à combler les trous de sa recette pour réussir son gâteau.
- Trois intrus se sont glissés dans la cuisine de Margaux. Trouve-les !
- Trouve cinq ingrédients commençant par la lettre « P ».

Réponses : Saladier. – Sucre. – Œufs. – Casserole. – Beurre. – Chocolat. – Cuillère. – Farine. – Moule – Un gant de toilette. – Une brosse à cheveux. – Une pantoufle. – Pain. – Pâtes. – Pomme. – Poire. – Pamplemousse.

L'histoire 5 MINUTES

À LA RECHERCHE D'UN DRAGON

Geoffroy, l'apprenti chevalier, savait manier son épée avec habileté et monter à cheval avec dextérité.

Mais, pour devenir chevalier, il devait réussir une dernière épreuve :

affronter un dragon.

Geoffroy se renseigna. Dans sa région, personne n'avait jamais vu de dragon. Pour en trouver un, il n'avait plus qu'une solution : voyager.

Lorsqu'il arriva dans un petit village du Japon, personne ne connaissait de dragon. Mais, quand il apprit que Geoffroy était apprenti chevalier, le chef du village lui parla d'un affreux ours qui terrorisait les villageois.

Geoffroy galopa dans la montagne jusqu'à la grotte de l'ours. Ils combattirent toute la nuit. Au matin, l'ours capitula. Pour remercier Geoffroy de sa vaillance, le chef du village lui offrit un sabre de samouraï. Geoffroy reprit son voyage.

Lorsqu'il arriva dans un petit village d'Afrique, personne n'avait jamais entendu parler d'un dragon. Mais, quand il comprit que Geoffroy était apprenti chevalier, le chef du village lui parla d'une horrible hyène qui attaquait les villageois. Geoffroy galopa dans la savane jusqu'au terrier de la hyène.

Ils luttèrent la nuit entière.

À l'aube, la hyène abandonna.

Pour remercier Geoffroy de son intrépidité, le chef du village lui fit don d'une lance de guerrier massaï. Geoffroy poursuivit sa route.

Lorsqu'il arriva dans un petit village d'Amérique, personne n'avait jamais aperçu de dragon. Mais, quand il réalisa que Geoffroy était apprenti chevalier, le chef du village lui parla d'un monstrueux alligator qui menaçait les villageois.

Geoffroy galopa dans le bayou jusqu'à la rivière de l'alligator. Ils bataillèrent jusqu'à l'aube. Aux premières lueurs du jour, l'alligator renonça.

Pour remercier Geoffroy de sa générosité, le chef du village lui donna en cadeau un arc et des flèches.

Il en fut de même dans tous les pays du monde. Un jour, harassé et désespéré, Geoffroy décida de rentrer chez lui.

Lorsqu'il pénétra dans le château, le roi l'attendait.

« Alors ? lui demanda ce dernier.
– Je suis désolé, Votre Majesté, s'excusa Geoffroy. Je n'ai pas trouvé de dragon. »
Le roi observa les armes que Geoffroy avait rapportées. Puis il lui demanda de s'agenouiller et lui donna trois coups du plat de son épée en prononçant ces paroles : « Geoffroy, par ces gestes, je te sacre chevalier. Les dragons n'existent que dans les contes de fées, mais le monde est peuplé de créatures féroces et dangereuses et, à voir les nombreux cadeaux que tu as rapportés, je sais que tu les as toutes affrontées avec succès. »

D'UN SEUL TRAIT !

Dessine cette tour fortifiée sans lever une seule fois ton crayon !

Un indice : Pars du point rouge dans la direction de la flèche.

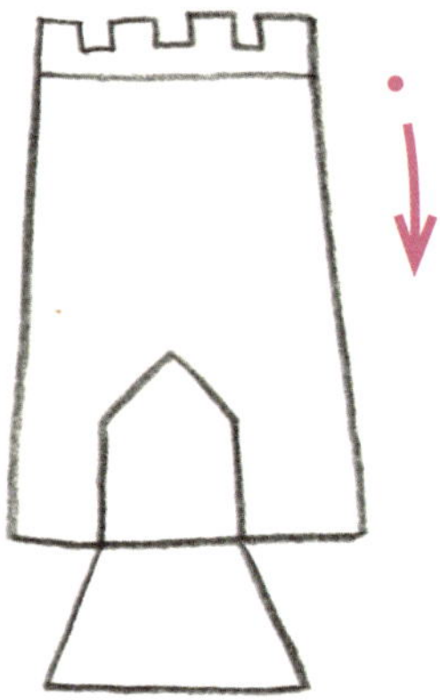

CARTES POSTALES

De son voyage autour du monde, le prince Léo a posté à ses amis des cartes postales. Retrouve de quel pays chacune a été envoyée.

France - Russie - Japon - Égypte

1

2

3

4

Réponses : 1. Japon. – 2. Égypte. – 3. France. – 4. Russie.

C'EST UN COMBLE !

Quel est le comble pour un boulanger ?

Réponse : être dans le pétrin.

EN MUSIQUE !

Quel est le comble pour un professeur de musique ?

Réponse : mettre de mauvaises notes.

L'histoire 10 MINUTES

PAS FACILE DE SE FAIRE EMBRASSER !

Audouin était un prince heureux, beau et riche, jusqu'à ce jour terrible où une méchante sorcière l'a transformé en dragon. Depuis lors, il vit triste et solitaire, caché dans une grotte pour n'effrayer personne.

Un lutin, qui s'est pris de pitié pour lui, tente de lui remonter le moral :

« Allons, courage !

Toutes les princesses embrassent les crapauds ensorcelés et ils redeviennent des princes. C'est bien connu ! Tu es moins laid qu'un crapaud. Tu as toutes tes chances.

– Tu crois ?

– Mais oui » assure le lutin.

Le malheureux dragon reprend espoir. Sur une carte du royaume, il marque d'une croix tous les châteaux où vit une princesse. Muni de ce plan de bataille, il se met en route.

Voici le premier château. À l'ombre d'un grand arbre, une princesse lit tranquillement.

« Bonjour, commence timidement Audouin.

– Au secours ! hurle la princesse à sa vue.

– N'ayez pas peur. Je suis un beau prince et je viens vous demander de m'embrasser pour me délivrer du sort qu'on m'a jeté !

– Quoi ! s'exclame la princesse, furieuse. Alors maintenant, après les crapauds, ce sont les dragons qui me font le coup du prince charmant ! Ma parole, on me prend vraiment pour une andouille !

Fiche le camp d'ici, horrible monstre ! »

Audouin s'éloigne, accablé.

« Ne raconte pas tout de suite ton histoire, lui conseille le lutin. Tu ne peux pas aborder une princesse comme ça ! Il faut d'abord gagner sa confiance, lui plaire, l'épater. Utilise tes talents de dragon !

– Bon, bon, dit Audouin. Je vais essayer. »

Devant le château suivant, très loin vers le nord, une princesse patine avec grâce sur un lac gelé. Sa belle robe en fourrure virevolte autour d'elle.

« Oh, le charmant spectacle ! »

s'exclame Audouin.

Il recroqueville ses pattes griffues pour s'en faire des patins et, s'aidant de ses ailes pour l'équilibre, il s'élance sur la glace, slalome, sautille, tourne sur lui-même comme une toupie.

« Magnifique ! »

applaudit la princesse.

« C'est gagné, pense Audouin. Elle m'admire, elle va m'embrasser ! »

Hélas ! La glace fond dangereusement sous ses pattes brûlantes. Peu à peu, il découpe autour de la princesse un cercle de glace qui se détache, bascule et… Splatch ! la projette tête la première dans l'eau gelée.
« Gloup ! Ne m'approche pas, stupide dragon ! » crie-t-elle au malheureux qui tente de l'aider.
Pauvre Audouin… Encore raté !
Quelque temps plus tard, devant un autre château, il a une nouvelle idée :
« Cette fois, je vais montrer mes talents d'aviateur. »
Perché sur la plus haute tour, Audouin a le vertige, mais il est tout excité d'essayer ses ailes pour la première fois.
« Je vais planer majestueusement et délicatement me poser à côté de la princesse. Elle sera émerveillée. »
La voici qui sort par le pont-levis. Audouin se lance. Flap, flap, flap…
« Ohé, princesse ! Regardez comme je vole bien ! »
Mais le sol se rapproche beaucoup trop vite et Audouin n'y peut rien… Vlan ! L'atterrissage est catastrophique.

Le dragon voit trente-six chandelles. La princesse, elle, a disparu.

« Ça alors, où est-elle passée ? » se demande Audouin.

« Ici, grosse brute ! Et ça brûle ! » hurle la princesse écrasée sous le dragon.

Elle n'est pas belle à voir : un peu aplatie, la robe et les cheveux grillés, le visage rouge de colère.

Audouin s'enfuit très loin. Au bord d'une rivière, regardant son horrible reflet dans l'eau, il se met à pleurer.

« Bouhou…

Je suis un monstre et un bon à rien !

– Pourquoi pleurez-vous ? demande une voix très douce derrière lui. Puis-je vous aider ? »

Audouin raconte son histoire à la jeune fille et ajoute tristement :

« Hélas non, car seule une princesse saurait me délivrer de mon sort.

– Ça tombe bien ! Je suis la princesse Violette, mon père habite le château voisin. Votre histoire m'a beaucoup touchée et je veux bien vous donner un baiser. Seulement... comment faire ? Il m'est impossible de vous approcher. Vous êtes beaucoup trop chaud ! Voyez cette fumée qui sort de vos narines.

– C'est parce que je brûle d'amour pour vous ! s'exclame Audouin.

– Ah, surtout pas ! » crie Violette.

Trop tard ! En disant ces mots, le dragon a craché une longue flamme qui met le feu à sa robe. Affolée, Violette saute dans la rivière pour éteindre les flammes.

« Au secours !

Je ne sais pas nager ! »

crie-t-elle avant de disparaître, emportée par le courant.

Audouin n'hésite pas une seconde et saute à son tour.

Pour une fois, son corps de dragon lui est bien utile. Avec ses ailes comme nageoires et sa queue en gouvernail, il nage comme un poisson. Malgré les algues et le courant, il rattrape vite la princesse au fond de l'eau.
« Mais… il ne brûle plus ! pense-t-elle en remontant vers la surface entre les pattes du dragon. Bien sûr, dans l'eau son corps a refroidi… C'est le moment ! »
Violette colle alors un gros baiser sur le museau plein d'écailles.

« Bonjour, beau prince !

murmure la princesse en regardant son sauveur.
– Beau prince ? Mais alors… »

Audouin n'ose y croire : ce sont des bras de jeune homme qui emportent la princesse vers le bord ! Et ce beau visage qui se reflète dans l'eau… c'est bien le sien ! Audouin épousa Violette. Il devint ainsi le plus heureux des princes et sa vie de dragon, rien qu'un mauvais souvenir. Enfin, presque… car on raconte qu'il a conservé d'étranges talents de… cracheur de feu ! Violette, elle, s'en accommode fort bien. Après tout, c'est bien pratique d'avoir un mari qui sache allumer un bon feu de cheminée sans allumettes ou cuire un rôti sans four !

SANS ISSUE

Pour rejoindre la princesse Miranda, le prince Richard doit sortir du labyrinthe de ce château sans tomber dans les oubliettes. Aide-le à trouver le bon chemin.

DUR, DUR D'ARTICULER

Pas facile de prononcer ces deux phrases sans se tromper !
Encore moins à toute vitesse !

Un grand dragon gris gronde un drôle de gredin groggy.

Chiche, charmant prince ! Chasse de sa cachette
ce serpent chétif qui siffle et cherche à s'échapper !

SUDOKU

Sais-tu écrire le mot « dragon » ? Il te faut 6 lettres différentes : D, R, A, G, O, N. Maintenant, regarde si ces 6 lettres se trouvent bien dans chaque ligne et chaque colonne de la grille et complète les trous avec la lettre qui manque.

D	R		G	O	N
R	A	G		N	
A	D	O	N	R	G
G	O	N	D		R
	N	D	R	G	A
N		R	A	D	O

Interdit
de toucher

VISITE GUIDÉE

- *Dans cette visite, tout le monde ne respecte pas les consignes du conférencier. Retrouve les coupables. Que font-ils d'interdit ?*
- *L'un des tableaux du musée n'appartient pas à la même époque que les autres. Lequel ?*
- *Retrouve l'enfant de chaque visiteur adulte.*
- *Un tableau a disparu ! Le vois-tu ? Qui mène l'enquête ? Qui est le coupable ?*

POTION CACHÉE

En barrant dans la grille les lettres qui composent son nom, tu découvriras les ingrédients que la sorcière Babayaga cherche pour compléter sa potion maléfique.

B	A	Y	G	A	A	B	Y	G	G	Y
V	E	R	D	E	T	E	R	R	E	A
A	B	B	Y	G	Y	B	A	G	Y	Y
G	Y	Y	A	I	A	B	A	Y	B	O
B	A	Y	G	G	B	G	P	Y	G	R
I	B	G	A	G	A	Y	O	B	A	E
G	B	P	Y	B	Y	B	I	A	Y	I
P	A	I	B	A	G	A	S	G	A	L
O	Y	P	G	A	B	A	O	G	B	L
U	G	I	B	Y	B	G	N	A	G	E
G	Y	A	A	B	G	Y	A	B	Y	G

Réponses : poison – ver de terre – pipi – pou – oreille.

EN LICE !

10 erreurs se sont glissées dans l'image d'en bas. Les vois-tu ?

Réponses : de gauche à droite : la plume bleue du chapeau, les yeux du personnage du fond, le pendentif, les ronds sur la balustrade, la bande rouge du chapeau, le nombre de rayures sur le casque du cavalier, le voile, le nombre de bandes sur le bouclier, le médaillon, le placement de la queue du cheval.

DESSINS DANS LE DOS

Avec ton doigt, trace le dessin d'un animal ou les lettres d'un mot dans le dos de ton partenaire, qui doit deviner de quel animal ou de quel mot il s'agit. Ensuite, échangez les rôles.

MÉMO

Seul ou avec d'autres joueurs, observe bien ces 8 objets pendant 3 minutes. Ensuite, ferme le livre et récite-les de mémoire. Celui qui n'a rien oublié a gagné !

Photogravure : Point 4
Achevé d'imprimer en France par IME, août 2010
Dépôt légal : septembre 2010